JUDITH,

TRAGÉDIE EN TROIS ACTES, EN VERS,

PAR Mme ÉMILE DE GIRARDIN.

PARIS.

—

1843.

JUDITH,

TRAGÉDIE EN TROIS ACTES,

PAR Mme ÉMILE DE GIRARDIN.

> Le Dieu vivant m'est témoin que son ange m'a gardée, soit lorsque je suis sortie de cette ville, et tant que je suis demeurée là, ou lorsque je suis revenue ici ; et que le Seigneur n'a point permis que sa servante fût souillée ; mais qu'il m'a fait revenir auprès de vous, sans aucune tache de péché, comblée de joie de le voir demeurer vainqueur, moi sauvée et vous délivrés.
>
> Livre de *Judith*, verset 20.

DISTRIBUTION DE LA PIÈCE.

HOLOPHERNE, prince, général des armées de Nabucho-
donosor, roi d'Assyrie.... M. BEAUVALET.
ACHIOR, prince, général des Ammonites.... M. PONTA.
OSIAS, gouverneur de Béthulie.... M. MARIUS.
PHARÈS
ERIOCH } rois détrônés par Holopherne, devenus ses alliés.... M. ROBERT.
MINDUS } M. PAUL LABA.
  M. LEROUX.
NASSAR, officier des gardes d'Holopherne.... M. ALEXANDRE.
JUDITH, veuve de Manassé.... Mlle RACHEL.
PHÉDYME, esclave d'Holopherne, fille d'un roi détrôné
par lui.... Mlle MAXIME.
ZELPHA, servante de Judith.... Mme MIRECOURT.
UN VIEILLARD MENDIANT.... M. MAINVIELLE.
UNE JEUNE FILLE.... Mlle GARIQUE.
UNE ISRAÉLITE ET SON ENFANT.... Mlle DENAIN.
UN SOLDAT.... M. MATHIEN.

SERVITEURS DE JUDITH. — OFFICIERS ET SOLDATS D'HOLOPHERNE.
PEUPLE. — PRÊTRES. — MENDIANS.

(La scène se passe, au premier acte, près de Béthulie, devant la maison
de Judith ; au second et au troisième acte, dans la tente d'Holopherne.)

JUDITH.

ACTE PREMIER.

Un paysage de montagnes. Les remparts de la ville de Béthulie, gardés par des archers. Un sentier sur le premier plan des collines. A droite, une riche maison surmontée d'une terrasse, attenant aux remparts de la ville. Près de la maison, un térébinthe ; au pied de l'arbre, un banc. A gauche, un autre banc devant un buisson de cactus et de nopals. Le jour commence à poindre. Au lever du rideau, on aperçoit un vieillard assis sous le térébinthe ; une jeune fille pleure auprès de lui. Une israélite est assise sur l'autre banc ; elle contemple avec tristesse son enfant endormi. A ses pieds on voit une amphore renversée.

SCÈNE I.

LE VIEILLARD MENDIANT, LA JEUNE FILLE, L'ISRAÉLITE
ET SON ENFANT.

LE VIEILLARD.

Le jour paraît à peine, et Judith prie encore.

LA JEUNE FILLE.

Oh ! comment apaiser ce feu qui nous dévore ?
Pas une goutte d'eau dans le creux des rochers !
Les aqueducs rompus gardés par des archers :
Et l'ennemi, déjà maître de nos campagnes ,
Détournant dans son cours le fleuve des montagnes !
Dieu puissant, Israël expire sous tes coups.

LE VIEILLARD.

Rassure-toi, Judith aura pitié de nous,
Ma fille ; si j'en crois ma mémoire incertaine ,
Dans ses vastes jardins il est une fontaine
Où nous puisions jadis aux jours de la moisson ,
Et dont l'écho disait notre folle chanson.
Ah ! c'était l'heureux temps ; mais la guerre, la guerre ,
Elle ravage tout, les peuples et la terre.

L'ISRAÉLITE, regardant son fils.

Pour une larme d'eau voir un enfant mourir !
Si quelque orage au moins venait nous secourir !
Elle cueille une fleur.

Cette fleur est encore humide de rosée :
Presse-là, mon enfant, sur ta lèvre embrasée.
        Elle se lève.
Comme il souffre ! mon fils !... Je brave tout pour toi !
Ah ! l'ennemi lui-même aura pitié de moi !
        Le vieillard et la jeune fille s'approchent de l'enfant L'Israéli
        nne amphore et s'enfuit par le sentier des montagnes.
Tous deux veillez sur lui.

SCÈNE II.

LE VIEILLARD , LA JEUNE FILLE , L'ENFANT.

LA JEUNE FILLE.

                L'imprudente ! où va-t-elle ?
Les archers vont la voir, et leur flèche est mortelle.

LE VIEILLARD.

Elle peut échapper dans l'ombre à leurs regards.

LA JEUNE FILLE.

Mais le camp d'Holopherne est si près des remparts ?
Sur tous les monts voisins il répand son armée ;
Dans un cercle de mort la ville est enfermée,
Et l'on dit que nos chefs ont perdu tout espoir.

LE VIEILLARD.

Aurais-je donc vécu si longtemps pour te voir
Sous un joug odieux lâchement avilie,
O ma cité natale, ô sainte Béthulie !
Mais non, j'espère encor, Judith nous sauvera.
Elle a longtemps souffert, et Dieu l'écoutera.
Il daignera bénir, dans sa douleur constante,
Cette austère vertu qui se fait pénitente ;
Car elle donne à Dieu son âme et ses trésors :
Chaste et pure, elle vit dans le deuil des remords ;
Au dernier rang du peuple elle a voulu descendre ;
La beauté de son front se cache sous la cendre ;
Veuve, au pied d'une tombe elle passe ses jours.
Sa gloire est de pleurer, et de pleurer toujours.

Pour habiter plus près de cette tombe aimée,
Dans sa maison des champs elle s'est enfermée ;
Et c'est là que, livrée à ses amers regrets,
Elle interroge Dieu sur nos destins secrets.
Et Dieu pardonnera nos crimes, qu'elle expie ;
Par sa main innocente il frappera l'Impie.
A mon âge, le cœur se flatte rarement.
Va, l'espoir d'un vieillard est un pressentiment :
Je lis dans nos malheurs un avenir prospère.
Judith veille sur nous, elle prie !... et j'espère !...

SCÈNE III.

LES MÊMES, L'ISRAÉLITE.

L'ISRAÉLITE, sur le sentier de la colline ; elle tient une amphore dans ses bras.
Viens, mon fils ; tu vivras : béni soit l'Éternel !
Elle court vers l'enfant et l'aide à boire dans l'amphore.

LE VIEILLARD, montrant l'Israélite.

O puissante vertu de l'amour maternel !
Tout l'univers s'émeut de ses saintes alarmes ;
Aux rochers attendris elle arrache des larmes ;
Le nuage s'entr'ouvre et le granit se fend...
Quand une mère à dit : De l'eau pour mon enfant !

LA JEUNE FILLE, à l'Israélite.

Quoi ! vous avez bravé les soldats d'Holopherne ?

L'ISRAELITE.

Oh ! comme je plongeais mon bras dans la citerne,
M'effrayant par ses cris, l'un d'eux est accouru.
Il a saisi son arc sitôt que j'ai paru,
Et je crois que le trait en passant m'a blessée ;
Mais, plus rapide encore que la flèche lancée,
J'ai pu fuir, emportant mon précieux fardeau.

LA JEUNE FILLE, voyant une blessure au bras de l'Israélite.

Du sang, voilà du sang !

L'ISRAELITE.

Oui !... mais voilà de l'eau !

LA JEUNE FILLE, à l'Israélite, lui montrant son père.

C'est mon père... ah ! pitié !

L'ISRAELITE, lui donnant l'amphore.

Pour lui tu peux la prendre.

La jeune fille présente l'amphore au vieillard. — Tableau de Rebecca (Horace Vernet).

L'ISRAELITE.

Le pas des serviteurs déjà se fait entendre.

LE VIEILLARD.

J'ai reconnu Zelpha, nos tourmens vont finir.

SCENE IV.

LES MÊMES, ZELPHA, ensuite JUDITH.

Des femmes du peuple et des mendians viennent de la ville et de la montagne.

ZELPHA.

C'est l'heure de l'aumône, et Judith va venir.

Judith paraît sur la terrasse.

LE VIEILLARD, à sa fille.

Vois cette femme en deuil passer sur la terrasse.
Faut-il que dans les pleurs tant de beauté s'efface !

ZELPHA.

Elle vient saluer le lever du soleil.

JUDITH, du haut de la terrasse.

O terre de Jacob, triste et honteux réveil !
Chaque jour de tes maux je souffre la première,
Et dès l'aube mes yeux maudissent la lumière ,
En voyant sur ce mont, dans la brume endormi ,
Flotter insolemment l'étendard ennemi !
Ah ! mon cœur indigné se brise à cette vue...
Mais courage, Israël ! enfin l'heure est venue !

Elle descend l'escalier de la terrasse.

LE VIEILLARD.

C'est elle ! la voilà ! que ses regards sont doux !

L'ISRAELITE, à Zelpha.

Quoi ! Judith porte encor le deuil de son époux ?

ZELPHA.

Depuis plus de trois ans, nuit et jour elle pleure.

JUDITH.

O pauvres d'Israël, entrez dans ma demeure ;
On vous attend toujours dans ce triste palais :
Tous mes biens sont à vous comme à moi, prenez-les ;
Mon cœur reconnaissant vous les offre avec joie :
C'est pour les partager que Dieu me les envoie.
Ah ! puissé-je long-temps vous les donner ainsi !

Apercevant l'Israélite et l'enfant.

C'est la première fois que je vous vois ici.
Cher enfant, que de maux éprouvent ta jeune ame !

L'ISRAELITE.

C'est mon fils. Par pitié, bénissez-le, madame.
Vos vertus près de Dieu sont des droits infinis :
Dieu sauve les enfans que vous avez bénis.

Judith embrasse l'enfant et le bénit. L'Israélite et les autres mendians, conduits par les serviteurs de Judith, entrent dans sa maison.

SCÈNE V.

JUDITH, ZELPHA.

JUDITH, avec inquiétude.

Du camp assyrien a-t-on quelque nouvelle ?

ZELPHA.

On parle de complot, de haine, de querelle.
De sa tente Holopherne a renvoyé, dit-on,
Un de ses alliés, un descendant d'Ammon.
Dans les bois d'alentour il erre sans asile.

JUDITH.

Q'a fait dire Osias, gouverneur de la ville ?

ZELPHA.

Des arrêts du conseil il veut vous informer
Avant de les signer et de les proclamer.
Il sait que l'Esprit saint parle en votre sagesse.

JUDITH.

Ah ! mon cœur épuisé succombe à sa tristesse.

Eh quoi ! nos ennemis de mes pleurs sont jaloux ?
On me sépare encor de toi, mon jeune époux !
Zelpha, depuis deux jours sa tombe prisonnière
Languit sans une larme et sans une prière !...
L'Impie a pénétré jusqu'en ce triste lieu ;
L'Impie a traversé la montagne de Dieu !
Dans nos champs dévastés il a dressé ses tentes ;
Il plante sur nos tours ses enseignes flottantes.
Dans le jardin des morts il conduit ses troupeaux,
Il leur donne à brouter l'herbe de nos tombeaux !
Il profane la pierre où vont pleurer les veuves.
Il brûle les moissons, il détourne les fleuves :
Il livre tout un peuple aux horreurs de la faim ;
De la lente agonie interrogeant la fin,
Il se dit qu'un soldat fier de sa renommée
Peut défendre vingt jours une ville affamée ;
Et, paisible, il attend le moment de nous voir
Tomber à ses genoux, lâches par désespoir.
O douleur !... Mais, Zelpha, quels cris se font entendre ?

ZELPHA, allant vers la montagne.

A travers les rochers d'ici l'on voit descendre
Un noble prisonnier par nos soldats conduit.

JUDITH.

Le prince qu'Holopherne a chassé cette nuit....

SCÈNE VI.

LES MÊMES, ACHIOR, conduit par des soldats israélites.

ACHIOR.

Soldats, à vos fureurs Holopherne me livre...
Mais moi, pour me venger, je vous demande à vivre.

JUDITH.

Approchez-vous, seigneur.

ACHIOR.

           Achior est mon nom.
Je commande au désert tous les enfans d'Ammon.
Trahi par Holopherne, à lui rien ne m'enchaîne ;
Je viens vous apporter le secours de ma haine.
Dès longtemps ce héros, jaloux de mes exploits,
Cherchait à m'exiler en usurpant mes droits.

Hier, dans mes avis retraçant votre histoire,
Moi seul j'osais douter de sa prompte victoire.
Je disais du Seigneur les secours bienheureux,
Je disais que la foi vous rendait dangereux,
Que votre piété bravait tous les obstacles,
Et que vous combattiez souvent par des miracles.
Holopherne à ces mots se prétend offensé :
« Ah ! dit-il, m'accablant d'un courroux insensé,
» La foi des Juifs rendra nos succès impossibles !...
» Va combattre avec eux, puisqu'ils sont invincibles.
» Ce que promet leur Dieu, tu l'apprendras de nous
» Dès demain, en tombant le premier sous nos coups. »
Il commande. A sa voix, hors du camp l'on m'entraîne.
Je lutte, mais en vain mon sang rougit l'arène.
Au pied d'un térébinthe on attache mes bras,
Et c'est là que honteux m'ont trouvé vos soldats.
Je savais votre nom, et j'ai voulu, madame,
De vous seule obtenir l'honneur que je réclame :
Faites que l'on m'accueille en ces murs assiégés.
Je ne craindrai plus rien si vous me protégez.

JUDITH.

Mais comment, vous, seigneur, pouvez-vous me connaître ?

ACHIOR.

Madame, bien des fois je vous vis apparaître
Comme une ombre plaintive à travers les rameaux,
Quand, suivant Holopherne au jardin des tombeaux,
J'épiais malgré lui sa douce rêverie.
Vous veniez honorer une tombe chérie ;
Et ce maître orgueilleux, pour vous voir tous les jours,
Des coteaux de Belma franchissait les détours.
L'indigne, il s'enivrait de l'éclat de vos charmes...
Peut-être ses regards, sans respect pour vos larmes,
Auront-ils offensé vos regards inquiets ?

JUDITH.

Je ne pouvais le voir, Achior ; je priais.

ACHIOR.

Depuis ce temps, madame, agité, triste, sombre,
Il expie, en aimant, ses cruautés sans nombre :
Il se traîne, il languit, faible et le front baissé,
Comme un lion mourant qu'une flèche a blessé.
Cet amour le consume en dépit de lui-même...

JUDITH.

Vous parlez de vengeance, et vous dites qu'il m'aime?
O Dieu de Débora! j'ai compris ce signal,
J'ai reconnu tes coups dans cet amour fatal!
Ne peut-on à prix d'or pénétrer dans sa tente?

ACHIOR.

Quoi! vous voulez... Craignez une lutte imprudente!
Holopherne sait feindre un amour généreux.
Un tyran qui veut plaire est toujours dangereux.
Il est noble, il est jeune, et son courage brille;
Meurtrier d'Arphaxad, il a séduit sa fille.
Il vous faudra braver cette rivalité;
Le pouvoir de Phédyme est encor redouté.

JUDITH.

Mais il ne l'aime plus, que puis-je craindre d'elle?
Qu'importe un souvenir pour son cœur infidèle?
Chez les Assyriens vous avez des amis.

ACHIOR.

Mes courageux soldats me sont restés soumis.
Ah! si l'on m'a bravé, c'est pendant leur absence.
Ils reviennent... comptez sur leur obéissance.

JUDITH.

Holopherne a pour lui de nombreux alliés ?

ACHIOR.

Des rois qu'il a vaincus, jaloux, humiliés,
Qui regrettent leur cour et le pouvoir suprême,
Que la vengeance....

JUDITH.

On vient.... C'est Osias lui-même,
Qui des chefs du Conseil doit m'apprendre l'arrêt;
Vous, restez, Achior; mais gardez mon secret.

SCÈNE VII.

LES MÊMES, OSIAS, PRÊTRES, SOLDATS, PEUPLE, FEMMES ET
SERVITEURS DE JUDITH.

JUDITH, à Osias.

Ah! prince, répondez à mon impatience.

ACHIOR, voyant qu'Osias hésite à répondre

Parlez, seigneur, j'ai droit à votre confiance ;
La haine nous unit contre un tyran cruel ,
Et le Dieu que je sers est le Dieu d'Israël.
Si le nom d'Achior a quelque renommée....

OSIAS.

Des descendans d'Ammon vous commandez l'armée ?

JUDITH.

Trahi par Holopherne, il vient se joindre à nous.

OSIAS.

Israël serait fier d'un soldat tel que vous ;
Mais, hélas ! nos malheurs ont lassé sa constance ;
Après un mois d'épreuve, un mois de résistance,
N'espérant plus en Dieu, le peuple épouvanté
Veut livrer au vainqueur la mourante cité,

Voyant l'indignation de Judith.

Dans cinq jours, si le ciel... cet arrêt vous étonne....
Mais qui peut nous sauver, quand Dieu nous abandonne !
Béthulie est en proie au courroux des méchans ;
Ils ont tari le fleuve et dévasté nos champs ;
La famine en nos murs, spectre horrible, se montre ;
Le regard indigné de tous côtés rencontre
Des enfans, des vieillards, dans la nuit, morts de faim;
Des frères s'égorgeant pour un lambeau de pain ;
Des mourans, dans la mort cherchant leur nourriture,
Disputant au chacal sa hideuse pâture ;
Des insensés, brûlés par leurs désirs ardens,
Broyant le bois, le fer, le marbre entre leurs dents ;
Et des monstres enfin, dont nous payons les crimes,
S'abreuvant aux autels dans le sang des victimes.
Madame, nos soldats ont subi bravement
La colère de Dieu... jusqu'au dernier moment.
Mais puisque tant de maux ne l'ont point assouvie,
Immolant leur honneur, sauvons du moins leur vie !

JUDITH.

Quoi ! vous fixez à Dieu le temps de son courroux !
Vous réglez sa vengeance et vous comptez ses coups !
Par un mois de douleurs vous vous laissez abattre ;
Vous êtes tous armés... et vous n'osez combattre !
Et vous imaginez, pour unique secours,
D'aller à l'ennemi vous rendre dans cinq jours.

Pour une goutte d'eau qui manque dans l'amphore,
Vous vendez Béthulie au tyran qu'elle abhorre ;
Et vous croyez signer ce pacte impunément ?
Mais, si vous consentiez à cet abaissement,
Vous seriez, au seul bruit de ces décrets infâmes,
Maudits par les vieillards et chassés par les femmes !
Nous sommes faibles, nous, mais nous savons souffrir,
Nous ne combattons pas, mais nous savons mourir !
Oui, nous bravons la mort par crainte de l'outrage,
Une sainte pudeur nous tient lieu de courage...
Terribles, nous saurions, de nos débiles mains,
Transporter sur nos toits les dalles des chemins,
Et laissant l'ennemi s'avancer sans refuge,
L'écraser tout à coup sous un pesant déluge ?
La victoire est un don qui nous vient du Seigneur,
Mais lutter sans espoir, voilà, voilà l'honneur !
Il est beau de périr dans sa ville assiégée,
Et de la voir du moins par sa chute vengée ;
Car dans ses murs croulans il ne doit rien rester,
C'est vaincre l'ennemi que le déshériter ;
Sur sa ruine en deuil un nom grandit encore,
Le lierre est un linceul dont la misère honore ;
Et le Seigneur préfère un glorieux débris,
Aux palais qu'ont sauvés la honte et le mépris.

OSIAS.

Une noble fierté dans son courroux respire ;
Voyez, son front rayonne, et le Seigneur l'inspire !
D'un orgueil inconnu son cœur semble oppressé,
Et le souffle de Dieu sur sa tête a passé.

Le tonnerre gronde, les éclairs sillonnent la montagne.

JUDITH

Sinaï ! Sinaï ! je vois briller tes flammes !...
Le Seigneur me choisit entre toutes les femmes.
Il ouvre devant moi le livre des destins...
Il a jeté mon nom dans les siècles lointains !
Il commande... sa voix me parle dans l'orage...
Qu'entends-je !... Ah ! cet effort surpasse mon courage.

Le tonnerre gronde.

Quoi ! seule... dans son camp, Seigneur !... Seigneur, j'irai.

L'orage redouble.

Prendre un glaive... et frapper ! Seigneur !... je frapperai.
Je frapperai !... David me prêtera son glaive !
Au rang de ses soldats le Tout-Puissant m'élève ;

Il m'a montré celui que mon bras doit punir…
Des enfans d'Israël il m'a dit l'avenir…
Tes guerriers tous armés ont parlé de se rendre…
O Béthulie !… Eh bien, Judith va te défendre…
Judith, pendant trois ans, n'a pas souffert en vain ;
Ses cris sont parvenus jusqu'au trône divin…
A force de tourmens, sa jeune ame aguerrie
A mérité l'honneur de sauver sa patrie !…
Mes femmes, ôtez-moi ce vêtement de deuil…
Dieu m'ordonne l'éclat… Dieu me permet l'orgueil.
Rendez-moi ces manteaux, ces longs tissus de soie,
Que je portais, hélas ! au beau temps de ma joie ;
Ces colliers, ces bandeaux, cette couronne d'or,
Chers présens d'un époux, triste et brillant trésor ;
Donnez, je vais combattre, et c'est là mon armure ;
Puis, quand j'aurai vaincu, jetant cette parure,
Je reprendrai ce deuil que je vais abjurer.
Israël sera libre… et je pourrai pleurer.

Les servantes de Judith descendant l'escalier de sa maison apportent dans des corbeilles d'or de riches vêtemens, des voiles, des manteaux brodés ; et sur des coussins de pourpre des bijoux et des couronnes de pierreries. Judith contemple ces parures avec douleur.

OSIAS.

Mais pourquoi tout à coup quitter un deuil austère ?

ACHIOR.

Elle obéit à Dieu, respectons ce mystère.

OSIAS.

Sans oser soupçonner sa vertu ni sa foi,
Du péril qui l'attend je frémis malgré moi.
Et qui va la conduire à travers la montagne ?

ACHIOR.

Moi, je serai son guide, et Zelpha l'accompagne ;
Nous nous séparerons au détour des rochers,
Et de là j'irai seul rejoindre mes archers.

ZELPHA à Judith.

Voici la robe d'or et la tunique sainte,
Les longs manteaux d'azur, de pourpre et d'hyacinthe.

JUDITH.

Oh ! comme une parure est triste dans les pleurs !
Que mes yeux sont blessés de ces riches couleurs !
Pourquoi de tant d'éclat environner ma tête ?
Moi, quitter un tombeau pour une indigne fête !
Pour charmer des regards dont il serait jaloux,
Me parer, sans pudeur, des dons de mon époux !
Moi, faire à sa mémoire une cruelle injure !
Flétrir si lâchement une douleur si pure !
Et démentir ainsi par l'oubli d'un seul jour,
Trois ans de désespoir, de misère et d'amour !...
Mais que dis-je... Israël ! c'est toi seul qu'on offense,
Je veux briller un jour... mais c'est pour ta défense.
Oui, je veux me parer d'un éclat emprunté.
Dieu puissant ! donnez-moi l'arme de la beauté ;
Donnez à ces bijoux l'éclat de vos étoiles.
De parfums enivrans baignez ces chastes voiles.
Chargez d'anneaux la main qui doit tenir le fer,
Livrez-moi les secrets du ciel et de l'enfer ;
Faites-moi posséder, par un affreux mélange,
L'astuce du démon et la candeur de l'ange.
Donnez-moi cet attrait, ce prestige du mal,
Que vous avez donnés à tout être fatal,
A la gloire, à l'abîme, aux fantômes des songes,
A tous les grands dangers, à tous les beaux mensonges;
Ce funeste pouvoir, hélas ! toujours vainqueur,
Qui charme la pensée en torturant le cœur.
Un seul jour, prêtez-moi la couronne éternelle.
Pour plaire par la haine il faut être si belle !...
Et vous, peuple, soldats, secondez mon espoir.
Accomplissez enfin un sublime devoir.
Défendez avec moi cette cité chérie...
Oh ! je vous apprendrai l'amour de la patrie !
Le plus saint des amours... la patrie est le lieu
Où l'on aima sa mère, où l'on connut son Dieu ;
Où naissent les enfans dans la chaste demeure ;
Où sont tous les tombeaux des êtres que l'on pleure.
En vain l'on nous condamne à n'y plus revenir,
Notre pieux instinct l'habite en souvenir.
Nous l'aimons, malgré tout, même injuste et cruelle,
Et pour ce noble amour il n'est point d'infidèle.
La haïr dans l'exil, c'est l'impossible effort;
Proscrit, nous revenons lui demander la mort,

Et nous mourons joyeux, si l'ingrate contrée
Daigne garder nos os dans sa terre sacrée!....
Ah ! ne repoussez pas des sentimens si beaux,
Défendez vos autels, défendez nos tombeaux.
Donnez aux nations un éternel exemple...
Soldats, peuple, aux remparts ! Et vous, femmes, au Temple !

Les soldats agitent leurs armes. Les femmes se prosternent. La toile tombe.

FIN DU PREMIER ACTE.

ACTE DEUXIÈME.

La salle des gardes dans la tente d'Holopherne. On aperçoit dans le lointain le camp
des Assyriens.

SCÈNE I.

PHÉDYME, PHARÈS.

PHARES.

Le prince va venir, et vous pourrez le voir.
Aujourd'hui triomphant d'un sombre désespoir,
Madame, il daigne enfin se montrer à l'armée,
Et reprendre au Conseil sa place accoutumée.
Mais, déjà fatigué de ces rudes travaux,
Il semble s'opposer à nos succès nouveaux,
Et le mot de combat l'inquiète et l'irrite.
Est-ce bien Holopherne !

PHEDYME.

Il me craint, il m'évite.
Je n'ose lui parler. Pharès, quel changement !
Cet amour a détruit mon règne en un moment.
Mais la connaissez-vous, cette femme si belle ?

PHARES.

Je sais que les Hébreux s'inclinent devant elle,
Que dans tout Israël son nom est révéré,
Que, sévère, elle parle un langage inspiré ;
Et, ranimant l'ardeur des croyances antiques,
Fascine les esprits par ses dons prophétiques.
Mais un avis secret m'alarme avec raison :
Achior est, dit-on, caché dans sa maison.

PHEDYME.

Qu'entends-je ? Malheureuse ! Achior est un traître !
Il a parlé... Judith sait qu'on l'aime... et peut-être...

PHARES.

On dit plus... Cet avis par Mindus m'est donné :
On prétend qu'elle vient...

PHEDYME.

Je l'avais deviné !

PHARÈS.

Gardez-vous de montrer quel intérêt vous guide.
Laissez-nous démasquer cette femme perfide,
Laissez-nous la combattre, et cachez vos douleurs.
Le prince...

PHÉDYME.

Ah! je pressens d'effroyables malheurs!

SCÈNE II.

HOLOPHERNE, PHÉDYME, PHARÈS, NASSAR, OFFICIERS.

HOLOPHERNE, avec une tristesse amère, après avoir donné son casque et
son bouclier à Nassar.

Quoi! toujours des combats, toujours le bruit des armes!
Autrefois ces périls avaient pour moi des charmes;
Mais tant de vains exploits ont lassé mes désirs.
Je me prends à rêver à de plus doux plaisirs.
Oh! j'envie en leur sort ces rois de l'Idumée:
Dans un calme horizon leur vie est enfermée;
Ils passent leurs beaux jours, dans un riant repos,
A rentrer leurs moissons, à compter leurs troupeaux;
Et quand la gerbe est lourde et la vigne abondante,
Ils couronnent de lis leur tête indépendante,
Et vont, du vieux Liban franchissant les hauteurs,
Offrir un sacrifice au Dieu des rois pasteurs.
Ils ont dans leurs sujets une famille unie,
Et jamais un sang pur ne teint leur main bénie.
La puissance n'est pas un châtiment pour eux;
Leur force est d'être aimés, leur gloire d'être heureux,
Oh! pourquoi venons-nous troubler leur douce vie?
Ils tremblent à mon nom, et moi je les envie!

Avec dureté à Nassar, qui attend ses ordres.

Le chef des Lydiens, l'avez-vous averti?
Viendra-t-il au Conseil?

NASSAR.

Seigneur, il est parti.
A Damas... vous l'avez envoyé... Je m'étonne...

HOLOPHERNE, à part.

Je ne me souviens plus des ordres que je donne.
Insensé!

PHÉDYME, à Pharès.

Que d'amour dans cet égarement!

HOLOPHERNE, à part.

Quel arrêt a changé mon sort si promptement ?...
Une femme, pour moi, ce n'était qu'une esclave;
L'amour.... un vain pouvoir qui plaît ou que l'on brave.
Quelle est donc cette ardeur que je ne puis dompter ?
Est-ce un destin fatal qu'il me faut redouter ?
Est-ce un bonheur qui doit me détourner du crime ?
Suis-je ici le sauveur, ou suis-je la victime ?
Judith !... Judith !... Pourquoi tant de trouble à ce nom ?...
Est-ce un cri de vengeance ?... Est-ce un mot de pardon ?

NASSAR.

Une Juive, seigneur, vient d'entrer dans la tente :
Son maintien noble et fier, sa parure éclatante,
Attirent les regards. Seigneur, elle voudrait
En faveur d'Israël vous parler en secret.

PHEDYME, à part.

Un horrible soupçon a traversé mon ame.

HOLOPHERNE, à part.

Je n'ose demander le nom de cette femme.
Haut.
Dites-lui de venir, je consens à la voir.
A part.
Malgré moi je frémis d'un impossible espoir.

SCÈNE III.

LES MÊMES, JUDITH, ZELPHA.

HOLOPHERNE, à part.

C'est elle !

PHARES, à Phédyme.

La voilà.

PHÉDYME, regardant Holopherne.

Comme il tremble à sa vue !
A son trouble, Pharès, je l'aurais reconnue.

JUDITH, s'inclinant devant Holopherne.

Honneur à vous, seigneur.

HOLOPHERNE, à part.

Qu'elle est douce, sa voix !
Je l'entends aujourd'hui pour la première fois.

JUDITH.

Du plus grand des héros j'implore la puissance.
Je me nomme Judith. J'ai droit par ma naissance
D'attendre un noble accueil d'un prince tel que vous.
Je possède ces biens dont le monde est jaloux.
D'innombrables troupeaux paissent dans mes campagnes.
Mon père, Merari, m'a légué dix montagnes
Couvertes d'oliviers, de pampres, de palmiers.
Mes esclaves adroits partout sont les premiers.
On compte mes moissons par des milliers de gerbes.
Dans toutes nos cités j'ai des palais superbes,
Des jardins renommés, des trésors précieux,
Et, fille d'Israël, ses rois sont mes aïeux.

HOLOPHERNE.

Parlez, qu'exigez-vous ?
Pharès et Phédyme se retirent dans le fond de la tente.

JUDITH.

                    Ici le ciel m'envoie.
Aux plus cruels tourmens les Hébreux sont en proie ;
Ils ont, dans leurs dédains, profané le saint lieu,
Par leurs crimes d'orgueil ils ont offensé Dieu.
Et Dieu les a maudits ; pour venger son injure,
Je vous les livrerai dès demain, je le jure,
Si vous lui promettez de respecter leurs jours,
Et d'affranchir le fleuve en lui rendant son cours.
Le Seigneur, les sauvant pour prix de leur courage,
Veut punir leur orgueil par un dur esclavage.
Et c'est vous qu'il choisit, dans sa sévérité,
Pour donner plus d'éclat à leur captivité.
C'est vous qui deviendrez leur vainqueur et leur maître.

HOLOPHERNE.

Mais le secret de vaincre ?...

JUDITH.

                    Il vous l'a fait connaître.
Si vous lui promettez...
HOLOPHERNE.

                    De lui je n'attends rien,
Et ce Dieu redoutable est l'ennemi du mien.

JUDITH.

Il est puissant, il sait quel tourment nous oppresse...
Il pénètre nos vœux... nos rêves de tendresse.....

HOLOPHERNE.

Eh quoi!.... connaîtrait-il celle que j'ose aimer ?

JUDITH.

Permettez-moi, Seigneur, de ne la pas nommer.

HOLOPHERNE.

Ah ! madame ! à vos lois heureux de me soumettre,
Pour le salut des Juifs je puis tout vous promettre ;
On m'attend au Conseil, j'y vais parler pour eux,
J'ai bien acquis le droit d'être un jour généreux.

Il sort en donnant des ordres à Nassar, Pharès le suit.

SCÈNE IV.

JUDITH, PHÉDYME , ZELPHA.

JUDITH à Zelpha.

Zelpha, par cet accueil mon espoir se ranime,
Et demain.....

ZELPHA.

On nous suit, madame.

JUDITH à part.

C'est Phédyme !

PHEDYME s'approchant de Judith.

Tu ne m'abuses point par ta feinte douceur.
Et j'ai de tes projets dévoilé la noirceur.
En vain à les cacher ta ruse s'étudie,
Des filles d'Israël on sait la perfidie,
On sait de quel sommeil on dort entre leurs bras.

ZELPHA.

Les filles d'Israël!.....

JUDITH à Zelpha.

Ne lui parle donc pas.

Elle veut sortir.

PHEDYME l'arrêtant par le bras.

Ah ! malgré ton orgueil, malgré ton insolence,
Je te forcerai bien à rompre le silence.

JUDITH (détachant la chaine qui entoure son bras).
A Zelpha.

Tiens, jette cette chaîne aux pauvres du chemin,
Judith ne peut porter ce qu'a touché sa main.

Zelpha jette la chaine par la fenêtre.

PHEDYME.

Exhale tes mépris ; je brave tant d'audace,
Et souris à mon tour du coup qui te menace.
Contre toi tout le camp vient de se déclarer,

JUDITH, à part, revenant sur ses pas.

Sa haine est indiscrète, elle peut m'éclairer.
Restons.

PHEDYME.

Judith n'est pas une femme inconnue.
On s'émeut à sa voix, on tremble à sa venue.
Israël se soumet à sa haute raison.
Le conseil des Anciens s'assemble en sa maison ;
Sa demeure est sacrée, et si quelque transfuge
Lui porte nos secrets, il y trouve un refuge.
Au perfide Achior elle offre son appui ;
Elle sert sa vengeance et conspire avec lui.
C'est pourquoi, renonçant à l'appareil funèbre
Du pompeux désespoir qui la rendait célèbre,
Elle a fait succéder le sourire aux douleurs,
L'éclat de sa parure au faste de ses pleurs.

JUDITH, vivement.

Il vous sied d'insulter aux larmes d'une épouse !
Un si long désespoir doit vous rendre jalouse ;
A pleurer vos parens vous mettez moins d'orgueil,
Et c'est chez leur bourreau que vous portez leur deuil.

PHÉDYME.

Enfin !... j'ai su trouver une arme qui la blesse !
Mais tu ne me fais point rougir de ma faiblesse.
Oui, j'aime ce héros que toi seule as dompté,
Et tu me pairas cher son infidélité !

JUDITH.

Eh, madame ! c'est là le moindre de ses crimes.

Votre père et vos sœurs sont tombés ses victimes ;
Il vous est apparu tout couvert de leur sang.
Il vous a tout ravi, patrie, honneur et rang ;
Dans vos propres états, de ravage en ravage,
A son char il vous a traînée en esclavage ;
Jouissant d'un affront lentement dévoré ;
Et, pour prix de ces soins, vous l'avez adoré.
Voilà par quels bienfaits il a touché votre ame !
S'il vous trompe aujourd'hui, c'est peut-être, madame,
Que de votre constance épuisant le trésor,
Par un crime de plus il veut vous plaire encore.
Sa cruauté vous charme ! et bien loin de vous nuire,
En le rendant coupable on l'aide à vous séduire.

PHEDYME.

Elle ose m'accuser d'oublier nos malheurs !

JUDITH.

Ne m'avez-vous pas fait un crime de mes pleurs ?

PHEDYME.

Ah ! c'est trop prolonger une lutte inégale ;
Tu vas voir si je suis une faible rivale.
Tout le camp d'Holopherne à mon ordre est soumis.
J'ai pour moi ses soldats, ses gardes, ses amis,
Ses flatteurs, et sa cour à me suivre empressée,
J'ai presque son pouvoir.

JUDITH.

    Mais, moi, j'ai sa pensée.

PHEDYME.

Je règne dans ce camp, tu le sauras bientôt.

JUDITH.

Ce soir tu l'auras fui, je n'aurai dit qu'un mot.

PHEDYME.

Espion des Hébreux, je saurai te confondre,
Aux soupçons d'Holopherne il te faudra répondre ;
Tu ne t'attendais pas, en venant aujourd'hui,
A trouver tant d'amour entre ta haine et lui ;
Mais à tes lâches coups la victime est ravie ;
Pour le frapper, Judith, il faut prendre ma vie :
Car je suis son égide et son armure !... Adieu.
Elle sort.

JUDITH.

Armure de l'impie.... et moi.... glaive de Dieu !

SCÈNE V.

JUDITH, ZELPHA.

ZELPHA.

Madame, de vos plans la ruse est découverte.

JUDITH.

Prévenons Achior pour conjurer sa perte ;
Dis lui qu'on nous surveille, et qu'il parte à l'instant.
Va vite lui donner cet avis important.

Zelpha sort.

Le destin d'Israël dépend de mon adresse ;
C'en est fait... d'Holopherne éprouvons la tendresse.
Sur son cœur inconstant sans crainte il faut agir...
Il faut lui plaire... hélas !... et plaire, c'est rougir !

SCÈNE VI.

JUDITH, HOLOPHERNE, GARDES.

HOLOPHERNE.

Du Conseil j'ai changé la volonté cruelle :
Je viens vous apporter cette heureuse nouvelle.
Vous triomphez, madame, et d'un supplice affreux
Votre seule prière a sauvé les Hébreux.
L'aqueduc relevé leur rendra l'eau du fleuve.
De ma soumission faut-il une autre preuve ?
Ce soir, en leur faveur, je vais écrire au Roi,
Et je sais réussir quand j'engage ma foi.
Vous demandez pour eux la vie et l'esclavage.
Je veux en votre nom leur offrir davantage,
En obtenant pour eux aussi la liberté.

JUDITH, à part.

Il feint habilement la générosité.

HOLOPHERNE.

Jaloux de mériter votre reconnaissance,
Pour la première fois je chéris ma puissance ;
Je révoque avec joie un ordre rigoureux,

Et je ne voudrais voir ici que des heureux.
De mon amour, Judith, vous pouvez tout attendre.

JUDITH, à part.

Quel langage, Seigneur ! est-ce à moi de l'entendre.
    Haut.
De si beaux sentimens sont dignes d'un vainqueur.
La gloire est confiante, elle ennoblit le cœur.

HOLOPHERNE.

La gloire ! dites-vous, oh ! non, ce n'est pas elle ;
Son bonheur est amer, son ivresse est cruelle ;
Par ses vaines grandeurs on n'est point corrigé...
Mais j'aime... et par l'amour tout mon cœur est changé.
Comme un crime orgueilleux je maudis cette gloire.
Je hais le sang versé qui donne la victoire ;
Aux lois de la pitié dans mes rêves soumis,
Je voudrais pardonner à tous mes ennemis.
Un règne bienfaisant dans mon destin commence.
Oui, j'aime, et par l'amour j'ai compris la clémence.
Ah ! pour moi, cet amour est un songe si beau !

JUDITH, à part.

O profane bonheur rêvé sur un tombeau !

HOLOPHERNE.

Que de fois, pénétrant dans la funèbre enceinte,
Je vous vis à genoux près d'une tombe sainte !
Tremblant, je vous suivais dans l'ombre des sentiers ;
Et seul je restais là des jours, des jours entiers,
A nourrir mes regards de votre douce image,
A vous rendre en secret un inutile hommage,
Triste des vains désirs qu'il fallait réprimer.
Mais heureux de vous voir, et fier de vous aimer.

JUDITH, à part.

Ecouter ces aveux, c'est s'abaisser au crime.
Mais il faut qu'elle parte... Ah ! Phédyme !... Phédyme !...
    Haut.
Eh quoi ! de votre absence on ne s'alarmait pas ?...
Nul regard inquiet ne surveillait vos pas ?

HOLOPHERNE.

Je suis libre, Judith, aucun nœud ne m'enchaine.

JUDITH.

Mais une femme ici commande en souveraine !
Elle est belle, seigneur ?

HOLOPHERNE, vivement.

Oh ! moins belle que toi.

JUDITH.

C'est votre esclave.

HOLOPHERNE.

Oui ; c'est la fille d'un roi
Que nous avons vaincu.

JUDITH.

C'est votre prisonnière !
L'esclavage est cruel pour une ame si fière.

HOLOPHERNE.

Sans doute elle est à plaindre.

JUDITH.

Ah ! vous l'aimiez, alors ?

HOLOPHERNE.

Non... j'aimais à combattre, à vaincre ses remords,
A parer noblement ma marche triomphale
Des superbes langueurs d'une esclave royale,
Je me plaisais à voir se changer chaque jour
Son dédain en sourire et sa haine en amour ;
Mais je n'éprouvais pas de tendresse pour elle,
Et je puis l'oublier sans me croire infidèle.

JUDITH.

Je ne sais... mais je crains son orgueil irrité.
Seigneur... accordez-moi...

HOLOPHERNE.

Parle.

JUDITH.

Sa liberté.

HOLOPHERNE.

Sa liberté ! Pourquoi ? Ce caprice m'étonne.
C'est ton esclave aussi, prends-la, je te la donne.

Tu peux la renvoyer ou la vendre à ton gré.
Dispose de son sort, à tout je souscrirai.

JUDITH.

Il n'appartient qu'à vous de lui parler en maître.

HOLOPHERNE.

Ah ! tu veux commander sans te faire connaître ?
Soit ; je porterai seul les rigueurs du pouvoir.
Demain je lui dirai...

JUDITH.

Demain ?

HOLOPHERNE.

Eh bien ! ce soir.

JUDITH à part.

Ce soir !

HOLOPHERNE.

Plaire à Judith est ma plus douce étude,
Et je suis trop flatté de son inquiétude
Pour ne pas obéir dès qu'elle ordonnera.

JUDITH à part.

Quelle épreuve, Seigneur ! mais elle partira.
On entend un grand bruit de voix confuses, de pas précipités.

HOLOPHERNE.

D'où vient cette rumeur ?

PLUSIEURS VOIX.

Mort à Judith !

HOLOPHERNE à Judith prête à sortir.

Arrête !
Mort à Judith ! qu'entends-je !... Ils demandent sa tête !

SCÈNE VII.

JUDITH, HOLOPHERNE, NASSAR.

NASSAR.

Prince, au nom de Judith le camp s'est révolté.
On connaît ses projets et sa complicité.
On prétend qu'en secret Achior l'a suivie.
Les rois vos alliés vous demandent sa vie.

HOLOPHERNE.

Ils osent contre moi se révolter aussi,
Ces rois ?... Qu'ils viennent donc !

NASSAR.

Ils viennent... les voici.

SCÈNE VIII.

HOLOPHERNE, JUDITH, PHÉDYME, PHARÈS, MINDUS, ÉRIOCH,
NASSAR, OFFICIERS, GARDES.

Tout le temps de cette scène, Phédyme se tenant à l'écart observe Judith avec
inquiétude.

PHARES.

Nous avons découvert une odieuse trame :
Vos jours sont menacés, seigneur, par cette femme.
Elle vient dans le camp surprendre nos secrets.
Le salut de l'Etat, nos droits, vos intérêts,
Ne nous permettent pas de garder le silence.

HOLOPHERNE, au comble de la fureur.

Non, jamais on ne vit une telle insolence !
Est-ce à moi que l'on parle ? A quoi donc me sert-il
D'avoir grandi mon nom de péril en péril,
D'avoir détruit vingt rois, commandé vingt armées ;
D'avoir pris et repris cent villes enflammées ;
D'avoir dans tous les champs et dans tous les sillons,
Comme un torrent humain, roulé mes bataillons ;
D'épouvanter le monde et d'étonner l'histoire ;
De peser sur mon temps comme un fléau de gloire ;
D'être Holopherne enfin !... s'il est dit qu'on pourra
Se jouer de mon nom ; s'il est dit qu'on viendra,
Par le plus lâche coup, me provoquant moi-même,
Insulter sous mes yeux une femme que j'aime ?

JUDITH, à part.

C'est lui qui me défend !

HOLOPHERNE.

Ah !... je crains mon courroux !...
Non, je n'attendais pas tant d'audace de vous.
Mais vous oubliez donc qui vous êtes, faux braves ?
Des vaincus épargnés, de pauvres rois esclaves,

Sans royaume, sans droits ; des traîtres pardonnés,
A ma solde vendus, à ma suite traînés,
Dont j'amuse l'orgueil par un semblant de trône,
A qui je jette un peu de ma gloire en aumône ;
Trop heureux de guider encor dans nos combats
Leurs sujets prisonniers, dont j'ai fait mes soldats.
Eh ! quel maître nouveau, quel énorme salaire
Vous excite à braver le vent de ma colère ?
Mais c'en est trop ! je veux qu'ici même, à l'instant,
On rende à cette femme un hommage éclatant.
Oui !... je veux, pour venger cette injure mortelle,
Voir tous ces insolens prosternés devant elle ;
Je veux qu'ils viennent tous, honteux, humiliés,
Déposer en tremblant leurs armes à ses pieds ;
Je veux que dans mon camp et dans toute l'Asie,
On adore à genoux celle que j'ai choisie !...

MINDUS.

Qu'entends-je ?... Mon épée !... aller la déposer....
En hommage à ses pieds !... Ah ! plutôt la briser !

HOLOPHERNE.

Tremble !... Ton sort dépend de ton obéissance !

MINDUS.

Prince !

JUDITH, à part.

Dieu d'Israël, j'invoque ta puissance.
Seule contre leur rage en vain je combattrais ;
Mais fais-moi pénétrer leurs coupables secrets,
Prête-moi tes clartés pour lire dans leurs âmes,
Et Judith va d'un mot confondre ces infâmes !

HOLOPHERNE.

L'ancien roi de Tharsis est lent à m'obéir.

MINDUS.

Moi, j'irais....

JUDITH, à Mindus.

Sois moins fier : on pourrait te trahir.
Montrant Holopherne.
On sait de quel complot ton orgueil le menace.
Tu le crains, tu le hais, tu convoites sa place.
Ton zèle cache mal tes sentimens jaloux.
Complice d'Achior...

HOLOPHERNE.

D'Achior !

JUDITH.

A genoux !!!

Mindus confondu se prosterne aux pieds de Judith.

PHARÈS.

En vain à l'imiter sa faiblesse m'engage,
Nul remords ne m'oblige à cet indigne hommage.
Moi, Pharès ! oh ! jamais...

JUDITH, avec inspiration, marchant vers Pharès.

Pharès n'est pas ton nom ?
Pharès !... il a péri sur le rocher d'Hermon.
Toi-même dans son sein tu plongeas ton épée,
Tu posas sur ton front sa couronne usurpée...

PHARÈS.

Grands dieux !

JUDITH.

C'était ton frère, il tomba sous tes coups.
Meurtrier de Pharès !

HOLOPHERNE.

Que dit-elle !

JUDITH.

A genoux !

Pharès épouvanté tombe à genoux.

ERIOCH.

Tous les deux à ses pieds !... Malgré moi ce mystère
M'inspire de l'effroi.

JUDITH, le regardant fixement.

Sur ce visage austère
Je ne lis point de crime et point de trahison...
Seigneur !... quelle clarté !... Jadason !...

ERIOCH.

Jadason !

JUDITH.

C'est le nom, n'est-ce pas, d'une bataille affreuse
Que ta peur évita par un fuite heureuse ?
Tout le temps du combat, tremblant, tu t'es caché ;
Et le soir on t'a vu, sur un brancard couché,
Pour rendre, en la voilant, ta lâcheté plus sûre,
Grimacer les douleurs d'une feinte blessure.

ERIOCH.

Qui m'a trahi, grands dieux ! et comment savez-vous ?...

JUDITH, avec indignation.

Fuyard de Jadason ! à genoux !

HOLOPHERNE.

A genoux !

Erioch anéanti tombe à genoux.

Elle lit dans les cœurs, tout cède à son empire !

PHARES.

Nous sommes dévoilés.

ERIOCH.

Un Dieu vengeur l'inspire.

PHARES.

Contre ce Dieu cruel nous lutterons en vain.

HOLOPHERNE.

Perfides alliés ! je vous connais enfin.
Toi, Pharès, meurtrier, toi, lâche, toi, transfuge.
Gardes, désarmez-les et demain qu'on les juge,
Et qu'ils ne comptent plus au rang de mes soldats.

PHEDYME, à part.

Laissons-la triompher, mais surveillons ses pas.

Les rois rendent leur épée aux officiers, les soldats les emmènent hors de la tente.
Phédyme s'éloigne mystérieusement en traversant le théâtre.

HOLOPHERNE, à Judith, apercevant Phédyme.

Cette femme a sur toi fait éclater l'orage.
Ah ! je saurai punir cet imprudent outrage.

JUDITH, à part.

Dieu m'a prêté sa voix et j'ai su les braver ;
Mais que lui dire à lui qui vient de me sauver ?

SCENE IX.

JUDITH, HOLOPHERNE.

HOLOPHERNE.

Un magique pouvoir t'a révélé leurs crimes.
Comme ils sont tous tombés à tes accens sublimes,

Judith, est-ce donc toi qu'ils osaient insulter?
Toi que tout Israël s'honore d'écouter !
Toi, dont le nom si noble et si pur est l'emblème
Des plus saintes vertus! toi, la beauté suprême !
A qui tout doit paraître un hommage insolent ,
Et que moi j'ose à peine admirer en tremblant !...
Oui, près d'eux, tu m'as vu terrible en ma colère ;
Mais près de toi, j'ai peur... j'ai peur de te déplaire.
Ce tigre rugissant du désert descendu
Ne sait plus que gémir comme un agneau perdu.
Oh ! que l'amour rend humble au jour de la victoire !
Qu'est-ce qu'un vain succès et qu'importe la gloire ,
La gloire des héros, si le plus renommé ,
Si le plus orgueilleux n'est pas le plus aimé !
Mais hélas ! je le vois, mon amour vous offense.

JUDHIT, avec égarement.

Oui, vous avez eu tort de prendre ma défense.

HOLOPHERNE.

Moi ?

JUDITH.

Je vous dis, seigneur, que vous avez eu tort ,
Que je vous ai trompé, que je veux votre mort ;
Qu'avec vos ennemis je suis d'intelligence ,
Que je suis l'instrument d'une horrible vengeance ,
Que ceux qui m'accusaient venaient vous sauver, vous !
Qu'il fallait, sans pitié, me livrer à leurs coups.
Ah ! j'aurais moins souffert de cette mort si prompte
Que de tous ces honneurs qui me couvrent de honte.

HOLOPHERNE.

Quel désespoir l'égare... Oh ! Judith, calme-toi ,
Leur indigne soupçon n'a point changé ma foi.
Avec mes ennemis je ne puis te confondre ,
Mon amour seul m'éclaire !

JUDITH, à part.

Hélas ! faut-il répondre
Par tant de perfidie à tant de loyauté !

HOLOPHERNE.

Moi, de ton noble cœur je n'ai jamais douté.
Eh ! comment douterais-je ? en toi tout me rassure ,
Et ton maintien si digne, et ta beauté si pure .

Et ta voix dont la grâce a pénétré mon cœur .
Ah ! de traîtres accens auraient moins de douceur !
Un perfide regard n'aurait pas tant de charme,
La haine se devine et le mensonge alarme.
Un faux bonheur nous jette un soupçon douloureux.
Va, si tu me trompais, je serais moins heureux.

JUDITH, à part.

O mon Dieu ! tu l'entends ! est-ce là ta victime ?

HOLOPHERNE.

Et pourquoi m'immoler, Judith ? quel est mon crime ?
Je sauve ton pays que tu croyais perdu ;
Par mon ordre, Israël à sa gloire est rendu.
Nos intérêts unis bientôt seront les mêmes ,
Je servirai ton Dieu, s'il permet que tu m'aimes ;
Enfin, pour commander, pour régner en ma cour,
Que t'importe ma mort ?... n'as-tu pas mon amour ?
Non, non, je ne crains pas que ta ruse me livre ;
Pour te donner mes jours tu me laisseras vivre...
Mais contre ta douleur vainement je combats,
Tu détournes les yeux... tu ne m'écoutes pas.
De tes vils ennemis tu me crois le complice,
Tu te venges sur moi de leur lâche injustice ;
Et m'accablant aussi d'un injuste courroux,
Tu me fuis, tu me hais....

JUDITH.

Moi ? je priais pour vous !

HOLOPHERNE.

O joie !... elle a mêlé mon nom dans ses prières !...
Dès l'enfance endurci dans nos luttes guerrières,
Je ne connaissais pas ces mots consolateurs.
Ah ! Judith !...

Apercevant Nassar.

Qui vient donc ?...

NASSAR.

Prince, sur les hauteurs
On vient de signaler un courrier de Ninive...

HOLOPHERNE, épouvanté.

Un messager... du roi ?...

NASSAR.

Dans l'instant il arrive.

HOLOPHERNE, à Judith.

Je cours le recevoir... et je reviens vers toi.

SCÈNE X.

JUDITH, seule.

Le malheureux, qui m'aime et qui se fie à moi !
Ah ! vivre tout un jour de ruse, de mensonge,
C'est un supplice affreux... indigne... et quand je songe
A l'horrible devoir qu'il me faut accomplir,
Mon âme se révolte, et je me sens faiblir...
Moi, mentir ! moi, Judith !... où suis-je descendue !...
Et lui... contre les siens comme il m'a défendue !...
Et j'irais, me courbant sous un ordre cruel,
Lorsqu'il agit pour nous, lorsqu'il sauve Israël,
Lorsqu'il veut, de son roi guidant l'esprit sauvage,
Préserver nos tribus d'un honteux esclavage,
J'irais, moi, par un coup lâchement médité,
L'immoler, et punir sa générosité ?.....
Ah ! ce n'est plus sa mort que le Seigneur ordonne !...
S'il comprend la pitié, c'est que Dieu lui pardonne !
Ses secours, ses bienfaits, doivent me désarmer !...
Frapper un cœur si noble et si digne d'aimer !
Frapper... mais je n'ai plus de fureur qui m'entraîne !
Du sang !... il faut du sang !... mais je n'ai plus de haine !
Plus de haine !... et d'où vient que ma colère a fui ?...
Je demandais sa mort... et je tremble pour lui !...
Ce changement, Seigneur, est-il donc votre ouvrage ?
Non, c'est un piége affreux... Dieu m'éprouve... courage !
Il me livre aux démons qui viennent me tenter,
Et pour que je triomphe il veut me voir lutter.....
A l'amour d'Holopherne ils me disent sensible !....
Moi, l'aimer !... moi, l'aimer !... démons, c'est impossible !
Un moment j'ai repris ma parure d'orgueil,
Mais mon cœur déchiré n'a point quitté son deuil.
L'ombre de mon époux habite ma demeure,
Depuis trois ans, démons, vous voyez que je pleure,
Que j'ai la même foi, que j'ai le même amour,
Et que mon désespoir n'a pas vieilli d'un jour.
Je vis pour honorer cette sainte mémoire...
Holopherne... un héros !... eh, que me fait la gloire ?
Elle n'a point d'écho dans mon cœur attristé,
La gloire de Judith est son humilité.

Il m'aime !... eh bien ?— il m'aime !... Oh ! leur rage redouble.
Comme ils savent crier le seul mot qui me trouble!
Ils viennent m'insulter par leur rire moqueur.....
Ils aveuglent mes yeux !... Ils m'arrachent le cœur !
Les cruels !... je succombe, et l'abîme m'attire !
Grâce ! grâce !... de moi le Seigneur se retire...
Je fais, pour l'implorer, des efforts superflus...
Mes deux mains, pour prier, ne se rejoignent plus...
Dieu ! voilà le Serpent... qui me poursuit comme Ève,
Voilà, dans les roseaux, sa tête qui se lève...
Il me parle !... il me parle... Il enivre mes sens
Des parfums corrupteurs de l'infernal encens!...
Israël, c'en est fait, ta patrie est vendue.....
L'enfer... l'enfer triomphe... et Judith est perdue!

Elle s'évanouit. La toile tombe.

FIN DU DEUXIÈME ACTE.

ACTE TROISIÈME.

Un élégant pavillon situé entre la tente d'Holopherne et celle de Judith. Des rideaux de pourpre, soutenus par des piliers d'or auxquels sont suspendus des
trophées d'armes, ferment la scène dans le fond du théâtre. Les rideaux relevés
laissent apercevoir la tente d'Holopherne. Un soldat garde cette entrée. Sur le
devant du théâtre, à droite, est une porte fermée ; à gauche, une fenêtre.

SCÈNE I.

ACHIOR, UN GARDE.

Achior, déguisé en esclave arabe, s'avance en regardant autour de lui avec
inquiétude. Le garde s'oppose à son passage.

LE GARDE.

On ne peut pénétrer dans cet appartement.

Reconnaissant Achior.

Ah ! seigneur, pardonnez, sous ce déguisement
Je n'ai point reconnu notre ancien chef...

ACHIOR.

Silence !

LE GARDE.

Je suis à vous, seigneur.

ACHIOR.

Dans le camp, ma présence

Est un secret.

LE GARDE.

Comptez sur ma fidélité.

ACHIOR.

La tente de Judith ?

LE GARDE.

Elle est de ce côté.

Achior ouvre la porte qui mène dans la tente de Judith ; Zelpha vient à lui ;
elle s'étonne et s'effraie en reconnaissant Achior.

ZELPHA.

C'est vous !

ACHIOR.

Judith est là ?

ZELPHA.

Devant Dieu prosternée,

Elle achève en priant cette affreuse journée.

ACHIOR , *mystérieusement.*

On a reçu ce soir un message de mort...
Dis-lui de tout tenter par un dernier effort.
Le temps est précieux, la tâche est difficile.
Dans l'un des souterrains qui mènent à la ville,
Grâce au plan des remparts qu'un esclave a livré,
Les soldats d'Holopherne ont déjà pénétré ;
C'est là qu'ils vont couver le feu de l'incendie.
J'ai démêlé leur trame habilement ourdie.
Un de mes alliés ici m'a reconnu,
De ces lâches projets ses soins m'ont prévenu.
Tous seront massacrés ; les enfans et les femmes
Tomberont sous le fer, périront dans les flammes.
Tel est l'ordre du roi qu'on adore en ce lieu,
Du roi que l'Assyrie a proclamé son dieu.
On lui résiste en vain ; sa puissance est extrême,
Et son nom fait trembler Holopherne lui-même.

ZELPHA.

Mais, seigneur, Holopherne a promis son appui
Aux Hébreux...

ACHIOR.

   Leur destin ne dépend plus de lui !
Holopherne vous trompe, et leur perte s'apprête,
Il ne peut les sauver qu'en leur laissant sa tête ;
Sa mort, oui, sa mort seule, épouvantant les cœurs,
De tant de nations peut nous rendre vainqueurs.
Va, que de nos projets Judith soit avertie.
Ce soir... les assiégés vont faire une sortie...
Dans l'ombre ils attendront, faisant taire leurs pas,
Le moment de venir se joindre à mes soldats.
Judith par un signal nous le fera connaître.
Qu'elle pose... une lampe... auprès de la fenêtre,
Et sa pâle lueur nous traçant le chemin,
Nous fondrons sur le camp les armes à la main.

LE GARDE.

C'est le prince... fuyez.

  ACHIOR revenant, bas à Zelpha.

    Si Judith peut surprendre
Le mot d'ordre...

ZELPHA.

   Seigneur, je courrai vous l'apprendre.

Achior s'éloigne mystérieusement. Zelpha, apercevant les officiers d'Holopherne,
rentre dans la tente de Judith.

SCÈNE II.

HOLOPHERNE, OFFICIERS, GARDES.

HOLOPHERNE, tenant une lettre à la main.

Le destin me punit d'un rêve généreux,
Et vainement Judith m'intéresse aux Hébreux ;
Le Roi veut que mon bras les livre à sa furie.
Par son nom, par l'honneur du trône d'Assyrie,
Il a juré leur mort ; je ne puis hésiter.
Et quel homme à cet ordre oserait résister ?
    Il ouvre la lettre et lit :
« Je suis roi, je suis Dieu. Sur la terre et sur l'onde
» J'accomplis en marchant la conquête du monde ;
» Et vous pouvez souffrir que mon pas éternel
» S'arrête un jour devant un hameau d'Israël !
» Malheur, malheur à vous ! si demain Béthulie
» Sous ses remparts fumans n'est pas ensevelie,
» S'il reste un seul Hébreu dans ses murs renversés,
» Je croirai ce qu'on dit, que vous me trahissez ;
» Et je vous punirai comme on punit un traître.
» Adorez cet écrit, que signe votre maître. »
Ah ! l'on me dénonçait aux soupçons de mon roi !...
Eh bien, par mes fureurs il faut prouver ma foi !
Pour expier l'erreur d'une folle clémence,
Il faut que cette nuit le massacre commence ;
Il faut que dès demain cette antique cité
Ne soit plus qu'un vain nom par le temps emporté,
Un amas de débris, une cendre fumante
Que balaie en passant l'aile de la tourmente,
Et qu'enfin ce hameau, sous mes coups châtié,
Ne soit plus pour ma gloire un remords de pitié.
Mais Judith !... triomphante à la cour d'Assyrie...
Les honneurs lui feront oublier sa patrie.
Phédyme a vu mourir son père détrôné,
Et, pour un peu d'amour, Phédyme a pardonné ;
Et d'un coupable choix sa faiblesse s'honore.
Quoi ! malgré ma défense elle revient encore !

SCÈNE III.

HOLOPHERNE, PHÉDYME, dans le fond du théâtre ;
NASSAR, OFFICIERS, GARDES.

PHEDYME.

Rassurez-vous, seigneur, j'ai perdu tout espoir.

C'est pour vous dire adieu que j'ai voulu vous voir.
De vos ordres cruels je ne viens pas me plaindre ;
Regardez, je suis calme, et je sais me contraindre ;
Mais un affreux péril vous menace aujourd'hui !
Et tremblante, je viens vous armer contre lui.

HOLOPHERNE.

Phédyme, aucun danger ne menace ma vie.

PHEDYME.

D'un horrible soupçon malgré moi poursuivie ,
Pour vos jours, je crains tout, le fer et le poison ,
Et l'on respire ici l'air de la trahison.

HOLOPHERNE.

Oh ! vous venez encor...

PHEDYME.

       Je n'ai point parlé d'elle !
Mais, seigneur, permettez qu'une esclave fidèle
Vous garde, et de ces lieux connaissant les détours ,
Puisse au moindre danger vous porter ses secours.
Redoutez la douceur de cette main fatale !
O dieux ! pourquoi faut-il qu'elle soit ma rivale !
On ne m'écoute pas... mes cris sont superflus.
Quel homme ose écouter celle qu'il n'aime plus !
Il croit que je la hais parce qu'elle sait plaire,
Il prend mon désespoir pour une humble colère ;
Il ne devine pas que, bravant ses mépris,
Généreuse, je veux le sauver à tout prix.
Oh ! laisse-moi du moins, dans ce péril extrême,
Laisse-moi te défendre et te garder moi-même :
J'oublierai ce lien qui consolait mes jours,
Je verrai sans pleurer tes nouvelles amours.
Judith commandera, j'obéirai près d'elle,
Je lui pardonnerai, je dirai qu'elle est belle ;
Mais tu me laisseras toujours veiller sur toi...
Et l'on n'osera pas te frapper devant moi.

HOLOPHERNE, avec bonté.

Phédyme, il faut partir ; Judith a ma promesse.
Eloigne de ton cœur un soupçon qui me blesse.
Va, ne crains rien pour moi ; dans ce camp, dans ma cour,
De fidèles amis me gardent nuit et jour.

PHEDYME.

Mais la mort en secret peut vous être donnée.
On peut vous présenter la coupe empoisonnée...
A Judith vous offrez un splendide festin
Ce soir... vous recevrez la coupe de sa main..,
Oh! de grâce, exigez... c'est ma seule prière,
Exigez qu'elle boive... avant vous, la première....
Et si dans ce moment vous la voyez trembler...

HOLOPHERNE.

La haine vous égare, et c'est trop l'accabler !

PHEDYME.

Eh! tu ne vois donc pas que Judith me renvoie,
Comme un garde importun qui veille sur sa proie !
Elle hait ma présence et veut nous séparer.
Ah! cette crainte seule aurait dû t'éclairer !

HOLOPHERNE.

Mais par d'autres motifs elle pourrait vous craindre.

PHEDYME.

Oh ! je comprends ! Judith excelle en l'art de feindre.
Elle ose te flatter par de jaloux combats...
Elle!... jalouse !...

HOLOPHERNE.

Eh bien...

PHEDYME.

Elle ne t'aime pas !

Voyant la fureur d'Holopherne.

Tu frémis à ce mot... Ah ! c'est là ma vengeance !

HOLOPHERNE (avec violence).

Sans doute, elle n'a point votre noble indulgence ;
Mais ne peut-on prouver un tendre sentiment
Sans avoir immolé son père à son amant?
Croyez-vous que le prix d'un dévoûment se compte
Par ce qu'il a coûté de remords et de honte ?

PHEDYME.

Oh ! de l'amour éteint inévitable loi,
Si généreux pour elle... et si lâche pour moi !
Elle trompe, on l'écoute, et sa parole enivre...
Elle apporte la mort... et pour elle on veut vivre !

On la traite en idole, on lui parle en tremblant ;
Et l'on m'accable, moi ! d'un mépris insolent.
Elle hait, on le voit, sa vengeance menace...
Et c'est moi que l'on craint, et c'est moi que l'on chasse !
M'arrachant le seul bien qui me reste aujourd'hui,
Le droit de le défendre et de mourir pour lui !

HOLOPHERNE.

Eh ! renoncez, madame, à cet effort sublime.
Ne lui ravissez pas son heureuse victime ;
Livrez-moi sans pitié, je bénirai mon sort
Si son amour me donne une si belle mort.

PHEDYME.

Ah ! de ce tendre espoir ne berce point ton ame,
Tu ne soumettras pas cette orgueilleuse femme,
Non, jamais... Son mépris me vengera du tien ;
Sa perfide douceur ne t'accordera rien,
Et tu seras mourant sur ta sanglante couche
Avant qu'un mot d'amour ne tombe de sa bouche !

HOLOPHERNE (la menaçant).

Va-t'en....

PHEDYME.

Tu crois mourir heureux entre ses bras ?
Frappe... va, je triomphe... elle ne t'aime pas !

HOLOPHERNE, aux gardes.

Venez, et qu'on l'enchaîne au milieu des esclaves.

Phédyme est emmenée par les gardes.

SCENE IV.

HOLOPHERNE, dans le fond du théâtre ; NASSAR, GARDES.

HOLOPHERNE.

Ah ! tu veux m'attendrir, Phédyme, et tu me braves !
Dieux !... elle m'a laissé tous ses dards en partant !
Moi, soupçonner Judith !... moi, moi qui l'aime tant...
O supplice ! nourrir cet effroyable doute,
Voir dans l'être adoré l'ennemi qu'on redoute,
Fuir et craindre Judith !... la faire espionner...
Non !... j'aime mieux mourir que de la soupçonner ;
J'aime mieux devenir sa victime insensée
Que de la voir jamais rougir de ma pensée !...

Cependant elle hait nos prêtres et nos dieux...
Nos usages sacrés lui semblent odieux...
Elle est juive, elle est sainte, et Moïse l'inspire...
Veuve, elle redoutait l'amour et son empire ;
Et tout à coup... mon cœur n'ose s'interroger...
L'attrait qu'elle a pour moi, c'est l'attrait du danger...
Sa douleur, sa fierté, tout en elle est mystère...
Et ce matin encor, son trouble involontaire
D'un infâme complot semblait me prévenir...
Mais elle ne vient pas... Qui peut la retenir !

> A Nassar.

As-tu parlé ce soir à Judith elle-même ?

NASSAR.

Au festin solennel, par votre ordre suprême,
J'ai convié Judith ; elle viendra, seigneur.

HOLOPHERNE.

Et Judith a sans crainte accepté cet honneur ?
Tu n'as pas remarqué... Mais je l'entends... c'est elle.

SCÈNE V.

JUDITH, ZELPHA, HOLOPHERNE, NASSAR.

Les esclaves apportent la table du festin.

HOLOPHERNE, à part.

Je vais donc la revoir ! hélas !

> Apercevant Judith.

Dieux, qu'elle est belle !
Les plus affreux soupçons tombent à son aspect,
La colère se change en timide respect...

JUDITH, à part.

Il me trompait... J'éprouve une rage inconnue...
Enfin, Dieu soit loué !... ma haine est revenue !

HOLOPHERNE, à part.

Mais elle me semble fuir un pénible entretien.
Son regard courroucé semble éviter le mien.

> A Judith.

Pourquoi viens-tu si tard ?

JUDITH, avec amertume.

Demandez à Phédyme.

HOLOPHERNE.

Oh ! de ses longs adieux ne me fais pas un crime.
à part.
Eh quoi ! je l'accusais, prompt à me défier.
Et c'est moi qu'elle force à se justifier !
Mais l'instant est venu de l'épreuve mortelle :
Présentons-lui la coupe... Oh ! Dieux ! la prendra-t-elle ?
Si, trouvant un prétexte, elle allait refuser !...
Si, par sa propre crainte, elle allait s'accuser !...
J'ai vu bien des combats, j'ai vécu de carnage,
Jamais pareil effroi n'a glacé mon courage.
Conduisant Judith vers la table.
Voulez-vous présider aux plaisirs du festin,
Et, par les mêmes vœux mêlant notre destin,
Souffrir que pour tous deux la coupe soit remplie ?

JUDITH.

Oui, seigneur, au succès de ma tâche accomplie
J'ose boire avec vous ; car mon cœur est joyeux,
Et je sens que ce jour est un jour glorieux.
Judith prend un des flacons d'or et verse le vin dans la coupe que lui
présente Holopherne ; puis elle porte la coupe à ses lèvres.

HOLOPHERNE, à part.

Ah ! je respire enfin !... rien n'a trahi son trouble.
Oh ! ma foi se réveille, et mon amour redouble...

JUDITH.

Un courrier de Ninive est arrivé ce soir ?

HOLOPHERNE.

Oui ; par un envoyé le Roi me fait savoir
Qu'il presse mon retour à la cour d'Assyrie.
Vous y viendrez, Judith ?

JUDITH.

Pour ma pauvre patrie
J'irai de votre maître implorer les bontés.

HOLOPHERNE.

Là vous ferez pâlir nos plus fières beautés.
Quel triomphe pour moi ; car ce jour vous engage !
Vous connaissez nos lois... vous savez qu'un usage...
Un usage à la fois charmant et rigoureux,
Nous fait un déshonneur de n'être point heureux.

L'imprudent qui verrait son ardeur méprisée
De la cour, aussitôt, deviendrait la risée...
Mille regards moqueurs le poursuivraient toujours...

JUDITH.

Oh ! l'on ne rira pas, seigneur, de nos amours !

HOLOPHERNE.

Ce bonheur est si grand que j'ose à peine y croire !
Tu ne me hais donc pas ?

JUDITH.

Vous plaire, c'est ma gloire !

HOLOPHERNE, mystérieusement.

Tu l'as promis, Judith : Dans ma tente... à minuit...
Tu viendras... elle est là... cette porte y conduit....
Tu me dis d'espérer !... Oh ! ce n'est point un rêve....

JUDITH, s'inclinant.

Seigneur....

A part, en regardant la porte.

Sur les rideaux j'ai vu briller un glaive.

Tous deux se lèvent. Les esclaves emportent la table du festin.

NASSAR, bas à Holopherne.

Tous les feux sont éteints dans les murs assiégés ;
Au fond des souterrains nos soldats partagés
Attendent le moment de marcher sur la ville,
Qui dans un faux espoir trouve un sommeil tranquille.

HOLOPHERNE.

Va, dirige leurs coups, et reviens me chercher
Au point du jour...

JUDITH, bas à Zelpha, lui montrant la porte de sa tente.

C'est là qu'il faudra te cacher.
Zelpha, tu restera derrière cette porte ;
Mais ne te montre pas avant que je ne sorte.
Je poserai la lampe ici, de ce côté.
Achior reviendra guidé par sa clarté.
Ses soldats avec nous sont tous d'intelligence.

NASSAR, à Holopherne.

Le mot d'ordre, seigneur ?

HOLOPHERNE.

« Babylone et vengeance. »

JUDITH, bas à Zelpha.

Retiens bien ces deux mots.

Zelpha sort. Nassar se retire dans le fond du théâtre.

HOLOPHERNE, à Judith, avec tendresse.

Judith, pardonne-moi !
C'est un crime... un moment j'ai douté de ta foi...
De cet affreux soupçon mon ame est soulagée ;
Mais comme j'ai souffert !... Ma douleur t'a vengée,
Et ce n'est pas à toi, Judith, de m'en punir.
Oh ! viens, viens dissiper ce cruel souvenir !
Livre ta destinée à cet amour si tendre.
Je ne te quitte pas, Judith ; je vais t'attendre.
Que mon cœur va frémir au doux bruit de tes pas !
Tu ne peux me tromper : tu viendras, tu viendras !...

JUDITH, tremblante.

Dieu m'a dit : « Tu seras l'épouse et la servante. »
Je suis soumise à Dieu...

A part.

Cet amour m'épouvante !

HOLOPHERNE, avec passion.

Est-il vrai ?... n'est-ce pas un prestige du cœur ?.....
Cette femme... aujourd'hui... promise à mon bonheur,
C'est elle !... c'est Judith !... c'est la femme que j'aime !
O pensée enivrante ! ô délire suprême !
Vertige de l'espoir, extase, enchantement !
Félicité cruelle ! adorable tourment !
Délicieux fardeau de tristesse et de joie !
Torrens de voluptés où mon ame se noie !
Non ! je ne savais pas, avant cet heureux jour,
Quels siècles on peut vivre en une heure d'amour !

Il sort. Ses officiers, ses pages l'accompagnent. Les esclaves emportent les flambeaux ; ils ne laissent que la lampe et ferment les rideaux dans le fond du théâtre.

SCÈNE VI.

JUDITH, seule, avec exaltation.

Dieu puissant, rendez-moi ma première assurance.
De moi seule Israël attend sa délivrance...

Pour vaincre ce héros prêtez-moi votre appui.
Son amour est un crime, armez-moi contre lui ;
Endormez son espoir par des songes funèbres...
Cachez-moi, cachez-moi dans de chastes ténèbres !
Eteignez cet amour par votre ordre allumé ;
Faites qu'il n'aime plus, qu'il n'ait jamais aimé !...
Dans un sommeil sauveur... ordonnez qu'il m'oublie ;
Eloignez de ses yeux mon image embellie ;
Effacez cet éclat, ces brillantes couleurs
Qui, profanes, cachaient la trace de mes pleurs ;
Reprenez cet attrait dont vous m'aviez parée,
Cilice de beauté dont je suis déchirée !
En m'ôtant mon pouvoir... venez me secourir...
S'il m'aime encor... Seigneur... c'est à moi de mourir !
Je frissonne... Un nuage a passé sur ma vue...

Elle entr'ouvre le rideau de la tente et revient sur le devant de la scène.

O miracle !... Seigneur, vous m'avez entendue !...
Vous avez eu pitié de ma faiblesse... Il dort !...
Oui... je vous ai compris... oui, vous voulez sa mort...
Donnons-leur le signal... un seul instant me reste...

Elle prend la lampe et va la poser sur la fenêtre. Elle regarde dans le lointain

Dans la ville... le feu !... le feu !... retard funeste...

Elle prend un glaive dans un des trophées suspendus aux piliers, et marche vers la tente. Tout à coup elle s'arrête.

Il dort !... et dans son sang mon bras va se plonger...
Mais ils dorment aussi ceux qu'ils vont égorger !

Elle entre dans les appartemens d'Holopherne. Au même instant la porte de la tente de Judith s'ouvre.

SCÈNE VII.

ACHIOR, ZELPHA, ensuite JUDITH.

ZELPHA, à voix basse.

Où courez-vous, seigneur ? c'est là qu'il faut attendre.

ACHIOR, à voix basse.

Mais tu ne vois donc pas qu'elle nous fait surprendre,

Que nous sommes trahis, que nous sommes perdus,
Qu'à son indigne amour elle nous a vendus,
Que nous venons trop tard, et qu'elle a changé l'heure ;
Qu'elle livre, Israël, et qu'il faut qu'elle meure ?
Ah ! nous sommes tombés dans un lâche complot !
La perfide l'aimait !...

JUDITH, un glaive à la main.

Vous pouvez parler haut.

ACHIOR.

C'est elle !

JUDITH, avec exaltation.

Dieu puissant! ma tâche est achevée.

ZELPHA relève le rideau du milieu ; on aperçoit dans le fond de la tente Holopherne étendu mort sur son lit.

Ciel !

JUDITH.

Israël est libre, et Judith est sauvée !

A Achior.

Je l'aimais... disais-tu ?... que t'en semble à présent ?...
Mais quel froid me saisit... que ce glaive est pesant !

Elle laisse tomber le glaive.—Tumulte. Des soldats envahissent le théâtre et s'emparent des issues.

SCÈNE VIII.

LES MÊMES, OSIAS, GUERRIERS, ISRAÉLITES, SOLDATS AMMONITES.

OSIAS.

L'impie épouvanté nous laisse la victoire !
Honneur à vous, Judith !

JUDITH.

Je ne veux point de gloire.

OSIAS.

Et que veux-tu pour prix d'un dévoûment si beau ?

JUDITH.

Le droit d'aller prier seule sur un tombeau,
Et de finir mes jours humblement dans les larmes ;
Vous, achevez mon œuvre, allez combattre.

TOUS.

Aux armes ! ! !

La toile tombe.

FIN.

Imprimerie de BÉTHUNE et PLON,
rue Vaugirard, 36.

* 9 7 8 2 3 2 9 6 7 5 2 7 5 *